CAVILACIONES

COLECCIÓN ESPEJO DE PACIENCIA

EDICIONES UNIVERSAL, Miami, Florida, 1999

Gemma Roberts

CAVILACIONES

Copyright © 1999 by Gemma Roberts

Primera edición, 1999

EDICIONES UNIVERSAL
P.O. Box 450353 (Shenandoah Station)
Miami, FL 33245-0353. USA
Tel: (305) 642-3234 Fax: (305) 642-7978
e-mail: ediciones@kampung.net
http://www.ediciones.com

Library of Congress Catalog Card No.: 99-60994
I.S.B.N.: 0-89729-896-9

Composición de textos: M. C. Salvat-Olson
Obra en la cubierta por Gemma Roberts
(colección de Marta O. Salvat)
Diseño de la portada por Luis García-Fresquet

Todos los derechos
son reservados. Ninguna parte de
este libro puede ser reproducida o transmitida
en ninguna forma o por ningún medio electrónico o mecánico,
incluyendo fotocopiadoras, grabadoras o sistemas computarizados,
sin el permiso por escrito del autor, excepto en el caso de
breves citas incorporadas en artículos críticos o en
revistas. Para obtener información diríjase a
Ediciones Universal.

ÍNDICE

A mi madre muerta 11
Cómo sufro Señor por no entenderte 12
¡Dios, Brahma, Alá, Yahvé! 13
¿Te doy nombre? Eres Dios. 14
¿Qué tiene el Nombre de los nombres 15
¿Por qué? 16
Aire que siento 17
Gautama 18
Sin guía 19
¡Aquí! 20
Realidades 21
Verdad 22
Gota a gota 23
¿Quién soy yo? 24
Es la estrella refulgente 25
A veces me parece que no, ... 26
Traidora memoria 27
¡Mentira! 28
Desilusión 29
La espera 30
El turno 31
No te ensañes 32
El día que yo muera 33
Uno, dos, tres, cuatro... el número 34
Nos matará la muerte 35
Un día descubrí con estupor 36
Recordando a Omar Khayyam 37
Espacio de noche eterna 38
Ábrete a la flor cuya esencia desconoces 39
Lo que creí luz 40
Todo árbol es único en el mundo 41
Estaba un sabio sumido 42

El yo desconocido	43
Un espejo para el alma	44
Me miro reflejada en el fondo	45
Sentí tu mano sobre mi espalda cayendo	46
Consejos de un egoísta	47
El fariseo	48
¿Por qué persiste en la ilusión ingenua	49
Desahogo	50
Contrapunto estoico/cristiano	51
Era un día de recuerdos desgarrantes	52
Insomnio	53
Región norteña	54
Contaminación	55
¡Y tú te sientes triste!	56
Como el molusco que exuda su concha,	57
Incomunicación	58
Y al verso se acude	59

«que aunque la vida perdió,
nos dejó harto consuelo
su memoria.»

Jorge Manrique

A la memoria imborrable de mi madre, a quien debo lo mejor de mí misma, llenó mi soledad con su amor e inteligencia y compartió conmigo intensamente las inquietudes de estas «cavilaciones.»

A MI MADRE MUERTA

Ahora que no *estás* pero aún *eres*,
oigo tu voz callada en el silencio
y te siento presente y muy cerca
en la congoja diaria de tu ausencia.

Como recuerdo que nunca se borra,
sigues marcándome el camino,
y la noche implacable de la muerte
se torna en puro ser en mi conciencia,
donde *eres*, *eres* y seguirás siendo
a pesar de la nada pavorosa
que presagian las amadas cenizas
de tus restos.

Cómo sufro Señor por no entenderte,
por no entender que siendo
Omnisapiente
me dieras libertad para perderme.

Cómo sufro Señor por no entenderte,
por no entender que siendo
Omnipotente
concedieras a Luzbel ser tan fuerte.

Cómo sufro Señor por no entenderte,
por no entender que siendo
Omnipresente
te escondas cuando un crimen se comete.

¡Dios, Brahma, Alá, Yahvé!
Como quieran llamarte eres el mismo,
invisible como el aire,
intangible como el color,
inaudible como la luz.

Tú eres lo que no se oye,
Tú eres lo que no se palpa,
Tú eres lo que no se ve.

¡Dios, Brahma, Alá, Yahvé!
¡Déjate ver, oír, tocar
Alguna vez!

¿Te doy nombre? Eres Dios.
¿Te lo quito? Eres Nada.

Eres algo que busco
cuando me elevo
en el aire enrarecido
del ensueño.

Eres algo que busco
cuando me hundo
en el fondo sin fondo
del abismo inmenso.

Eres el centro seguro,
y el laberinto en que me pierdo.

Eres el vacío que lleno
con la dulce ilusión
de descubrir el misterio.

¿Qué tiene el Nombre de los nombres
que todo lo abarca
en el temible vacío de su ausencia?

¿Qué esconde el Nombre de los nombres
que todo lo oculta
en la visión inefable
de una presencia?

¿Qué encierra el Nombre de los nombres
que se acerca y se aleja
en el murmullo del río,
en la brisa que refresca,
en el azul del cielo,
en la hoja que tiembla?

¿Qué dice el Nombre de los nombres
que oigo en el silencio
y que me ciega
en la radiante luz
de las tinieblas?

¿POR QUÉ?

«Nos iremos por mar y por tierra,
a visitar espacios mágicos nunca vistos.»
«Si Dios lo quiere, Juan,» —dijo la mujer,
poniendo sus ojos en el cielo.
Por fin viajaron ambos a la montaña,
y respiraron esperanza, fe y vida renovada.
«Estas Navidades —dijo Juan— te llevaré
a las cálidas y blancas playas de mi isla,
donde las palmas abanican a las nubes
y las olas del mar se hacen dueñas de la tierra.»
«Si Dios quiere Juan, si Dios quiere...»
contestó ella cantando por lo bajo
con dulce ironía: «Di Provenza, il mar, il suol...»
Llegó el frío de diciembre y la mujer murmuró
ahogada: «Me muero, Juan, me muero,» y ya no quedó
más que el eco de un tenue suspiro:
«Dios lo ha querido.»
Y aquel hombre desesperado clamó con voz ronca
y puños cerrados al cielo:
¿Por qué, por qué lo ha querido Dios?

Aire que siento
que me roza y que no veo...

Luz que veo
que me alumbra y que no palpo...

Pensamiento que me surge
y no sé de donde viene...

Palabra que existe
y que no encuentro.

Palabra que no existe
y que la pienso.

Todo, Todo,
aunque escape a mis sentidos
Está y Es.

¡Misterio!

GAUTAMA

Cabalgando su Kanthaka,
envuelto en sedas preciosas,
cargado de oros y diamantes,
inundado de felicidad,
tropezó una vez aquel príncipe
con la dura realidad.

Vio a los pobres de su tierra
malnutridos y sin dientes,
los ancianos carcomidos
por el peso de los años,
los enfermos muy maltrechos
de tanto sufrir dolor.

Esta visión de espanto su alma atravesó,
su cuerpo tembló de angustias
y decidió al instante
renunciar a sus riquezas,
al placer exquisito de la carne,
a los manjares suculentos de su mesa.

Se internó en bosques espesos
en profunda soledad,
hizo ayunos infinitos
en busca de iluminación.
Pero nadie sabe a ciencia cierta
si bajo aquel árbol frondoso
al fin encontró el Nirvana
o pudo ver la faz de Dios.

SIN GUÍA

Por la vía que lleva a la invisible meta
encontrarás, jardines, encontrarás eriales,
mañanas de sol refulgente
y días de impenetrable niebla...
encontrarás noches hermosamente serenas,
y noches de furiosas tormentas,
pero no encontrarás, hermano,
jalones que señalen el tiempo
que aún te falta para llegar a la meta.

No vale que te desvíes
en busca de hitos y pilares,
pues sólo hallarás vericuetos que confluyen
a la vía que dejaste.

En este camino sin guía
no hay estrella que te oriente
adonde te llevan tus pasos.
Y como un peregrino errante
condenado a los vaivenes del azar,
tendrás que andar, andar, andar...
hasta llegar a la invisible meta.

¡Aquí!
¿Qué es aquí?

¡Allá!
¿Qué es allá?

¡Ahora!
¿Qué es ahora?

¡Después!
¿Qué es después?

Espacio y Tiempo cerrados
en un mismo círculo hermético.

REALIDADES

Los que creen que la vida es salud,
que visiten los blancos hospitales...

Los que creen que la vida es juventud,
que se miren en el espejo
después que pasen diez años...

Los que creen que la vida se repite,
que traten de restaurar el pasado...

Y los que creen que la vida es eterna
descubrirán un día aciago
que el Tiempo es
la realidad de realidades.

VERDAD

No busques la Verdad
que araña y muerde,
y si la encuentras,
quedarás como un ausente.

No busques la Verdad,
que si la encuentras,
sentirás temblar bajo tus pies
toda la tierra.

Gota a gota
me voy diluyendo
en el agua pura de la eternidad.

Poco a poco
me voy deshaciendo
en la inexorable temporalidad.

¿Que porción de mi yo quedará
cuando llegue el final?

Los pedazos que yo soy
busco en un todo integrarlos,
los pedazos que ya fui
se perdieron por caminos ya borrados...

Buscando mi unicidad
mis pedazos se rebuscan
y sólo encuentran al fin
los pedazos de pedazos...

¿QUIÉN SOY YO?

Yo soy sólo mis recuerdos,
los recuerdos que conservo
de mi efímera existencia,
ya que el olvido ha ido robándome
a pedazos mis vivencias.

De mi nacimiento no tuve
jamás la menor conciencia,
y de lo que vino después,
¡qué poca cosa me resta!

Muchas memorias perdí
en el espacio y el tiempo,
y ha sido baldío esfuerzo
quererlas reconstruir.

Los momentos venturosos
en vano recobrarlos intenté
para gozarlos de nuevo
como si no hubiera un ayer.

Y hasta mis penas pasadas
han mitigado los años,
y en la sima de mi alma,
yacen mustias, congeladas...

¡Cómo se reduce la vida
al influjo del olvido
y que poca cosa queda
al final de la jornada!

Es la estrella refulgente
más perenne
que el fulgor ya apagado del primer beso.
Porque el recuerdo con la conciencia muere...
y la estrella volverá a brillar
en la mirada ilusionada
de los que después vendrán:
siervos del instante que en el tiempo
presagia
la oscura noche
de la nada eterna.

A veces me parece que no,
que no podré dejar de ser,
que mi ser me acompañará
a la nada que creo viene después.

A veces me parece que sí,
que sí dejaré de ser,
y que me volveré nada
en la nada que creo viene después.

A veces me dice la mente
que mi dolor y mi llanto
caerán en el vacío infinito
de la nada que creo viene después.

Y a veces mi corazón me grita
que mi llanto y mi dolor
han de convertirse en flor
en la nada que creo viene después.

TRAIDORA MEMORIA

¿Por qué si mi corazón latía,
por qué si mi cuerpo se iba formando,
por qué si tenía yo vida,
jamás recuerdo los días prenatales
cuando mi madre su sangre
conmigo compartía?
¿Por qué de mis juegos de infancia
y de mi adolescencia los ensueños y esperanzas
sólo recuerdo imágenes confusas
y fragmentadas?
¿Por qué he olvidado la fecha
del primer beso de amor
y el instante en que comenzó
a apagarse la pasión?
¿Por qué no puedo reconstruir
hora a hora, día a día
todo lo que hice y yo fui?

Esto me hace creer
que lo mismo que he olvidado
cosas y hechos que fueron
puede que yo haya existido
desde antes de nacer,
y que seguiré existiendo
más allá de todo olvido
en el misterio del Ser.

> «cómo se viene la muerte
> tan callando»
> Jorge Manrique

¡Mentira!
que no viene tan callando,
que ella se hace sentir
desde el día en que llegamos,
y por eso es que lloramos
al primer rayo de luz.

¡Mentira!
que no viene tan callando,
que a veces sus pasos resuenan
muy dentro del corazón
como alertando a la vida
del arcano que le espera.

¡Mentira!
que no viene tan callando...

DESILUSIÓN

Cuando me creo ya muerta
libre del duro bregar,
viene el Alba a despertarme,
anunciándome el castigo
de siempre volver a empezar.

¡Si estoy viva todavía!
exclamo con desilusión,
porque no he muerto en noche oscura
y me espera ya otro día
para proseguir la marcha
sin saber a dónde voy...

¡Oh Señor Rey de los tristes!
enséñame a esperar con paciencia
el maravilloso instante de la noche eterna,
la noche sin amanecer preñado de amenazas,
la noche definitiva que pondrá fin
al retorno engañoso de los días,
la noche en que no habrá más
despertares dolorosos...

LA ESPERA

Mientras no llegues a buscarme, amiga,
te esperaré
cultivando violetas y rosales.

Mientras no llegues a buscarme
y me quede luz en las pupilas,
te esperaré contemplando
del mundo los colores
o leyendo alucinada a Scheherezade...

Mientras no llegues a buscarme
y mis oídos no estén para siempre cerrados,
te esperaré amiga escuchando
el trinar del pájaro en la rama
o la magia de una sonata mozartiana...

Mientras no llegues a buscarme, amiga,
te esperaré cavilando
y pensando mis locas fantasías...

Sólo cuando yazga en definitivo lecho,
abatida ya por tu mortal abrazo,
me encontrarás, amiga, esperando
con los brazos cruzados sobre el pecho.

EL TURNO

Creador de todo cuanto existe,
¿por qué no me quieres dar Tú todavía
el reposo infinito de la nada
y me tienes aquí crucificada
con corona de espinas en la frente?

Si ya estoy para encontrarte preparada,
¿por qué me detienes en este simulacro de existencia
y te llevas en cambio niños inocentes
que no saben aún lo que es pecar?

Los turnos que tu autoridad asigna
para ingresar en la Morada del Misterio
es el sello indescifrable de tu total enigma
que marca el límite de nuestra ilusa libertad.

NO TE ENSAÑES

Oh Tú, la de la cita nunca fallida,
cuando vengas a buscarme
no arrastres mi cuerpo sobre espinas
ni tritures mis huesos carcomidos
con tu implacable abrazo,
ni coloques pirañas en mis venas
para hacerme sentir tu fiel presencia.

Yo sé que tú vendrás a la hora convenida,
mas cuando vengas a llevarme,
hazlo de una vez y no te ensañes
ni prolongues mi estancia
en la oscura antesala del misterio.

El día en que yo muera
será como un día cualquiera,
acaso algo triste, un poco gris...

El día en que yo muera
nadie, nadie, sabrá la hora.
Un día perfectamente cotidiano,
tal vez el sol se esconda abochornado.

El día en que yo muera:
un momento fugaz, pura intrascendencia...

Por eso hoy que vivo muriendo y muriendo vivo,
deseo jugar con el tiempo,
hacer eternidad del instante,
del futuro hacer pasado,
y del olvido hacer recuerdo.

UNO, DOS, TRES, CUATRO... el número
asciende ya a los cientos.
Cuento y recuento... repito
los nombres de los que fueron y ya no son,
los que dejaron vibrando la cuerda fugaz
del recuerdo y
del olvido.

Me angustio ante la sombra
de la violeta seca,
ante la última nota melodiosa
que dejó la congoja
de un hondo silencio...

Cuento, cuento, y recuento.
Miro hacia atrás y me aterro
ante la larga lista de los muertos.

NOS MATARÁ LA MUERTE

Amigo que te aferras
a las cosas de la tierra:

Piensa en la estrella
que tiene luz.

Piensa en la rosa
que tiene olor.

Piensa en la hormiga
que tiene vida.

Y verás que como a ti
también las matará la Muerte.

Un día descubrí con estupor
que el ahora puede ser
la ignota víspera,
que el péndulo que marca
mi tiempo en estas playas
puede en un instante detenerse
para siempre...

Entonces decidí no atesorar
lo que reluce y brilla,
entonces aprendí a no inquietarme
por lo que aquí se queda,
entonces comprendí que cada ser
en soledad lleva sus días
marcados en los latidos
de su propio corazón.

RECORDANDO A OMAR KHAYYAM

Ama ahora que eres joven,
antes que la vejez te llegue.

Disfruta el amor de hoy,
que mañana habrá acabado.

Goza el vino de tu copa
antes que se vuelva agrio.

Caliéntate al sol que ahora brilla
que luego lloverá a cántaros.

Báñate en el mar sereno
antes que se encrespen sus olas.

Entrégate a la primavera,
que pronto vendrán las nieves.

Y no te angusties por la vida,
que mañana estarás MUERTO.

«En la casa de mi Padre
hay muchas moradas»

Espacio de noche eterna,
secreto colmado de estrellas,
misterio de candentes soles
y de policromados planetas.

Universo sin fronteras
en perpetuo devenir,
donde se abisma la mente
sin poderlo descifrar.

De este Cosmo prodigioso
somos también una parte,
y lo que llamamos vida
no es más que un estar aquí.

Y lo que llamamos muerte
es sólo continuar el viaje
hacia una incógnita morada
sin principio y sin fin.

Ábrete a la flor cuya esencia desconoces,
ábrete a la muda voz de esa piedra que acaricias,
Recoge en tu conciencia la presencia
de todo lo que ignoras.

Afirma con el corazón y espera.
Espera a que se funda con tu muerte
el átomo de eternidad que en ti mora.
Espera... espera
a que la tiniebla se haga luz
y la muerte se haga vida.

Lo que creí luz
era tiniebla,
Lo que pensé vida
resultó muerte.
Y en la tiniebla vi la luz
Y en la muerte hallé la vida.

Todo árbol es único en el mundo
como única es la rosa que brota del rosal
y única cada una de todas sus espinas.
Única es la suave brizna de hierba
que se une a otras para alfombrar
de verde la oscura tierra del jardín,
y que se estremece de dolor callado
al paso loco de una ardilla única
que busca la bellota única
que sostiene su vivir.
Y esta copa fabricada en serie,
que al caer quedó deshecha,
también se convirtió en única
al dejar ella sola de existir.

Estaba un sabio sumido
en profundos pensamientos
creyéndose dueño absoluto
de su facultad de pensar.

De repente una mosca indiscreta
revolotea en su frente
sin dejarse sumisa atrapar.

Entonces aquel sabio severo
de pronto con toda humildad
comprende que espíritu y cuerpo
forman indivisible unidad.

EL YO DESCONOCIDO

Al mirarme hoy por dentro
hallé que yo mi Yo ya no era,
que un ser ajeno y extraño
alojábase en mi pecho.

De los mil seres que he sido
siempre hubo uno que regía
a los que iban viniendo.
Era el Yo de todos mis yos,
el que con hilo invisible
los ensartaba en su centro.

Pero este yo que he descubierto
escondido más allá de mi conciencia
es otro yo que la unidad rompió
en busca de independencia...

UN ESPEJO PARA EL ALMA

Si hubiera un espejo fiel
para ver el alma humana,
qué gran sorpresa sería
ver reflejado en él
un bulto no imaginado
que mucho se parecía
al prójimo tan despreciado
por pecador y cruel.

Y tanto sería mi espanto
que con los ojos cerrados
llorando gritaría:

¡No! ¡No! ¡Que no me quiero ver!

«tat tvam asi»

Me miro reflejada en el fondo
negro del ojo de un criminal,
y me digo: «ese eres tú»
o al menos, ¡eso podrías haber sido!

Imagino la faz horrible y lacerada
de un desdichado leproso
de cuyo infortunio Dios me libró,
y me digo: «ese eres tú».
¡O podrías haberlo sido!

Veo con pavor un rostro mongoloide
condenado por arcano destino a la estulticia
y me digo: «esa eres tú».
¡O podrías haberlo sido!

Así voy por el mundo
sorprendida de ser lo que soy,
porque sólo el que designa
nuestro destino en la tierra
sabe lo que no fui pero pude haber sido.

Sentí tu mano sobre mi espalda cayendo
como terrible rayo vengador,
y como no comprendía
de tus designios el misterio,
a tu faz oculta reprochaba:
¿Por qué a mí, Señor?
Señor, ¿por qué yo?

Miré al mundo en torno mío
y vi otros males mayores:
cataclismos, cruentas guerras,
hambre e incomprensible dolor.
Y viéndome libre de tan dura suerte,
aún sin comprenderte,
te interrogué humilde y agradecida:
Señor, ¿por qué no a mí?
¿Por qué no yo, Señor?

CONSEJOS DE UN EGOÍSTA

Esconde la cabeza debajo de la almohada
donde no oigas las aves agoreras,
donde el dolor ajeno no te roce
y adonde no te lleguen gemidos de agonía.

Cierra los ojos ante el dolor del mundo:
sólo tu sufrir tiene importancia.
No visites hospitales que son lugares tristes
y deja que cada cual resuelva su miseria.

Cuando algún morboso pesimista venga
con negros presagios a perturbar tu paz,
vuélvele la espalda sin prestarle oído
y como si fueras sordo prosigue tu andar.

Únete a los que te ofrecen diversión,
a los que te escuchan hablar
sin tregua de ti mismo,
a los que te invitan a cenar
porque saben te sobran los manjares,
a los que no mencionan
las pesadumbres de la tierra.

Pero recuerda, amigo, alguna vez
lo que dijo hace siglos el Eclesiastés:
«Todo pasa a todos»
por ley inexorable de la Providencia.

EL FARISEO

Hambre, mucha hambre tuvo
y no le diste un pan,
la sed le quemaba la lengua
y no le diste de beber.
Las piernas le flaquearon
y no le prestaste tu brazo
para que se apoyara en él.
Las lágrimas de sus penas
no quisiste enjugar,
y cuando te pidió socorro
te escondiste en tu cubil
para no practicar con ella
un poco de caridad.
Y así vives muy ufano,
satisfecho de ti mismo,
como pilar de la sociedad,
pasando ante el mundo por cristiano
y olvidando que Jesús prefiere
a un pecador sincero
que a un fariseo vulgar.

¿Por qué persiste en la ilusión ingenua
lo que vimos con los ojos del ensueño?

¿Por qué seguimos buscando sin respuesta,
sin esperanza de encontrar
al Dios que dicen muerto?

Y todo lo grande se hace pequeño,
y la felicidad vuela veloz,
esquiva,
mientras con alma ajena y confundida
bebemos el dulzor del sueño
para quedarnos con el poso amargo
de la vida.

DESAHOGO

¡Llora alma mía, llora!
que no quiero que te me mueras
por acumular el llanto.

¡Gime, gime bien alto!
para que no te desgarre
el silencio de tus penas.

¡Grita, grita con todas tus fuerzas!
para liberar de algún modo
la triste humana impotencia.

¡Suelta tu estrangulada queja!
para que tu voz resuene
en el cielo y las estrellas.

¡Protesta contra el destino!
aunque su curso no alteres,
que es sólo por Ley Divina
que todo ocurre en la Tierra.

CONTRAPUNTO ESTOICO/CRISTIANO

Cuando cobardes nos flaquean las piernas,
cuando el dolor nos abate y atormenta,
cuando irritan los estorbos del camino
y la crueldad del tirano nos destierra,
acudimos al bastión de la razón estoica:
inalterable ante los embates del destino.

Pero si la sangre brota incontenible
de las feroces heridas de la vida,
si la clara inteligencia queda
sumida en un mundo sin luz,
entonces, amable emperador pagano,
entregamos nuestras penas a Cristo
y sin entender la Razón Divina,
buscamos respuesta y consuelo
en la paradoja de la Cruz.

Era un día de recuerdos desgarrantes,
de recuerdos de puñales en la espalda
y de ala recortada en pleno vuelo.

Era un día de angustias agoreras,
cuando todo nos presagia mal
y no vemos la luz de la frontera.

Era un día cubierto de tinieblas,
de tremendas memorias perforantes
y de esperanzas muertas por la espera...

Llegó la noche y dormí mis penas,
y en la deliciosa luz de la mañana
recordé que había también cosas buenas
en la tierra.

INSOMNIO

El sueño estaba despierto,
perdido en cavilaciones.
El sueño quería dormir
en la cuna de la Nada.

El sueño ausente del todo
castigaba a la esperanza.

Y mientras estaba en vigilia
    LLEGOLE
     LA LUZ
      DEL
     ALBA

REGIÓN NORTEÑA

Yo, que vengo de la región
donde las luces del cielo
de noche no se apagan,
me entristezco mirando
este cielo negro y sin estrellas.

Yo, que nací donde el cielo
era siempre azul y transparente,
he de morir de tristeza
bajo este cielo frío y blanco
que hasta el sol esconde
bajo espesa e impenetrable niebla.

CONTAMINACIÓN

No me preguntes.
Asómate a la ventana
y verás cómo me siento.

La niebla borra el espacio,
la lluvia con hilos de cristal ahumado
esconde el jardín y la calle.

El sol, aunque ya le toca el turno,
hoy se ha quedado dormido.
¿Se habrá vuelto perezoso?
No, es que la ciencia lo cubre
con su manto gris oscuro.

Y el hombre, que fue creado
para vivir de sol, calor y verdor,
se enrosca sobre sí mismo
para calentarse el alma.

No me preguntes.
Asómate a la ventana
y verás cómo me siento.

¡Y tú te sientes triste!
tú que puedes caminar
sin ayuda de muletas,
y que puedes vislumbrar
en noche oscura la lejana estrella,
y que puedes oír cuando te llama
el ser que más tú quieres en la tierra.

¡Y tú te sientes triste!
tú que debías temblar de gratitud ante
la Divina Providencia.

Como el molusco que exuda su concha,
construí mi casa-refugio de tristes recuerdos.
Alcé mi torre para tocar el cielo,
y me mecí en su balcón aéreo y volandero.

Ascendí los empinados escalones,
y mis cabellos se blanquearon de altas nubes.
Descendí los hollados escalones,
y mi alma sintió el olor engañoso de la tierra.

Y un yo pleno de ilusiones
entró por una puerta abierta,
y otro yo vacío de ensueños
salió para respirar el aire
consolador de la quimera...

Desperté y recogí en secreta urna de nadie
las cenizas olvidadas
de mis sueños.

INCOMUNICACIÓN

Cuando inventen las palabras
que no existen,
te explicaré mi angustia y mi dolor,
con lengua nueva y sin sonido,
oirás de mí lo que es hoy
un mudo yo.

Todo mi verbo para nada sirve
si quiero que me entiendas
con palabras ya inventadas.
Es necesario que broten de la nada
las palabras que penetren
de una vez tu corazón.

Y al verso se acude
cuando no se encuentra
la palabra que acune el concepto,
la idea exacta que pueda atrapar
el pensamiento.

Y después... en la página escrita,
abandonado de la soledad y del silencio,
¡qué vano y pomposo resulta todo verso!
¡qué aviso de fría muerte las palabras
que escapan al recuerdo!

Y después de todo, ¿qué?
El gesto inútil del verso,
casi sin riesgo,
la evanescencia del canto,
el torpe consuelo del arte,
cuando al borde del abismo
se imponga el salto
donde muere el pensamiento.

COLECCIÓN ESPEJO DE PACIENCIA: (POESÍAS)

056-9	VIAJE AL CASABE, Ana Rosa Núñez
057-7	UN POETA CUBANO, Luis Mario
058-5	RAÍCES EN EL CORAZÓN, Enrique J. Ventura
060-7	ESCAMAS DEL CARIBE (HAIKUS DE CUBA), Ana Rosa Núñez
061-5	BRASAS EN LA NIEVE, Arístides Sosa de Quesada
062-3	HORARIO DEL VIENTO, José Ángel Buesa
063-1	MI HABANA, Álvaro de Villa
065-8	GOTAS DE PRESENTE, Rogelio de la Torre
066-6	RUMORES DE MI BOHÍO, Oscar Pérez Moro
067-4	ESQUEMA TENTATIVO DEL POEMA, Enrique Márquez
068-2	LOS OFICIALEROS, Ana Rosa Núñez
069-0	VEINTICINCO POEMAS-TWENTY FIVE P. Ricardo Pau Llosa
071-2	ASÍ ES MI TIERRA, Oscar Pérez Moro
072-0	MÁS ALLÁ DE LA MIES Y DEL SONIDO, Jaime Barba
075-5	LÁGRIMAS DE PAPEL, Maricel Mayor Marsán
076-3	MÁS ALLÁ DEL AZUL, Esperanza Rubido
077-1	LOS DESHEREDADOS, Manuel Prieres
078-X	POEMAS DEL DESTIERRO, Aldo R. Forés
079-8	DESDE LAS REJAS, Miguel Sales Figueroa
080-1	EKUÉ,ABANAKUÉ,EKUÉ José Sánchez-Boudy
141-7	CROCANTE DE MANÍ, José Sánchez-Boudy
142-5	DESDE MIS DOMINGOS, Luis Mario
145-X	VIBRACIONES, Raúl Díaz-Carnot
148-4	POETAS DE HOY, Adolfo León Souza
152-2	CAMPO OSCURO, María Teresa Rojas
172-7	AUSENCIAS, Rogelio de la Torre
195-6	LOS MASCARONES DE OLIVA, Ulises Prieto
197-2	TENGO PRISA, Olga Rosado
206-5	PRÓFUGO DE LA SAL, Luis Mario
224-3	TIEMPO CONGELADO (Poemario de una isla ausente), José Sánchez-Boudy
245-6	EL CORAZÓN CON QUE VIVO, Armando Valladares
250-2	SEPARADOS POR LA ESPUMA, Lillian Bertot
258-8	ESA PALABRA, Rubén Darío Rumbaut
267-6	POESÍAS DE LUCILA E AZCUY, Lucila E. Azcuy Alcalde
272-3	CIEN POESÍAS DE SARAH WEKSELBAUM LUSKI
275-8	ENTRESEMÁFOROS (poemas escritos en ruta), Uva A. Clavijo
281-2	USA, TIERRA CONDENADA, Alberto Muller

288-X	UNA ISLA, LA MÁS BELLA, Nieves del Rosario Márquez
289-8	RAÍCES Y ALAS, Nieves del Rosario Márquez
290-1	VOLVER..., María Gómez Carbonell
296-0	MARÍA -CUANDO LA MUERTE CANTA-, Luis Conte Agüero
307-X	DE NUNCA A SIEMPRE (poemas), Omar Torres
317-7	DULCAMARA (BITTERSWEET), Ninoska Pérez Castellón
318-5	MI BARRIO Y MI ESQUINA, José Sánchez-Boudy
329-0	¡MAMI! CUANTO TE QUIERO, P. Fernando López S.J
338-X	ESTA MUJER..., Luis Mario
339-8	VOCES EN EL DESIERTO, Luis Zalamea
348-7	SUEÑO (RIMAS AL RECUERDO), Myriam Y. Aguiar
365-7	DISTANCIA DE UN ESPACIO PROMETIDO, Mary Calleiro
371-1	DHARMA, Roberto Valero
372-X	TUS OJOS CUBA:SOSIEGO,VIENTO,OLA, José Sánchez-Boudy
373-8	TUS OJOS Y YO, Uva Clavijo
377-0	RÍOS Y PALMAS, Oscar Pérez Moro
382-7	SANGRE BAJO LAS BANDERAS, Enrique Joaquín Piedra
385-1	TIERRA METALIZADA, Alberto Muller
399-1	AMOR SIN FRONTERAS, Tirso R. Herrera
402-5	AGUA Y ESPEJOS (IMÁGENES), Amelia del Castillo
406-8	HASTA QUE EL TIEMPO ESTALLE, Juan Martín
412-2	MISCELÁNEAS CAMPESINAS, Oscar Guerra
415-7	PATRIÓTICAS, José Sánchez-Boudy
422-X	DIARIO DE UN CARACOL, Mercedes Ares
424-6	DOS DÉCADAS, Olga Rosado
430-0	LIRA CRIOLLA, Oscar Pérez Moro
441-6	DON SINSONTE DE LA PALMA, Salvador E. Subirá Turró
446-7	CANTO INDISPENSABLE, Roberto Ponciano
474-2	LA ESTATUA DE SAL, Israel Rodríguez
475-0	DE LA NECESIDAD Y DEL AMOR, Fray Miguel Ángel Loredo
481-5	LA INMÓVIL CARRERA, Francisco Lorié Bertot
496-3	POEMAS, Fernando Pérez
498-X	..LA MISMA, Luis Mario
522-6	MINIATURAS, Berta G. Montalvo
523-4	PARA MI GAVETA, Berta G. Montalvo
526-9	GUAJIRO, Olga Rosado
530-7	NEOMAMBÍ, Ángel Pardo
562-5	EL PRISMA DE LA RAZÓN, Armando Álvarez Bravo
571-4	UNO Y VEINTE GOLPES POR AMÉRICA, Ana Rosa Núñez
578-1	DISPERSOS, César Alónimo
583-8	AGUA DE FUEGO, Nicolás E. Álvarez

602-8	VIOLETA, María Victoria Vega Queralt
613-3	MADERA DE SÁNDALO, Hortensia Valdés Perdomo
622-2	PÁGINAS DE MI VIDA (poesías y pensamientos), Malvina A. Godoy
641-9	UN PINCEL EN EL ALBA, Marilú Capín de Aguilar
651-6	RAMILLETE DE RECUERDOS, María Magdalena Pou de Aguilar
658-3	SOL DE UN SOLO DÍA, Ana Rosa Núñez
662-1	CUBA EN MIS VERSOS, Luis Mario
714-8	ROMANCES DEL ALMA, RAN-MAR
732-6	LA VOZ INEVITABLE, Ángel Cuadra
744-X	GÉMINIS DESHABITADO, Amelia del Castillo
757-1	LA PALABRA TOTAL, Mercedes Tomás
787-3	EL TIEMPO MISMO, Teresa Sansirene
830-6	CABOS SUELTOS, Armando Álvarez Bravo
843-8	NUNCA DE MÍ TE VAS, Matías Montes Huidobro
857-8	LOS DESESPERADOS, Roberto N. Morales
864-0	RAÍZ DE FLOR Y CAFÉ, Antonio A. Acosta